10岁
开始的经济学
100万册珍藏纪念版

 如果没有银行

[日] 泉美智子·著　[日] 山下正人·绘

唐亚明·译

中信出版集团｜北京

目录

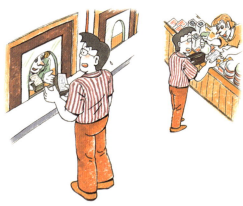

这里是岛国加里曼，

全国只有28万人。

国家虽小，却很富足。

渔业和林业是主要产业。

4

这个岛国有三家银行：

岛屿银行、海洋银行、绿洲银行。

人们往银行里存入多余的钱，

银行借钱给需要用钱的人和公司。

银行的工作很重要。

有一次，专门向日本出口鲜虾的土图水产公司，

发生了严重事故。

公司的养殖场被病菌污染，

有人吃了出口到日本的鲜虾引起了剧烈的腹痛和腹泻。

从这家公司进口鲜虾的日本商社，

要求该公司支付赔款，赔偿损失，

并决定今后不再从这家公司进口鲜虾。

土图水产公司破产了，

难以偿还从岛屿银行那里借的贷款。

加里曼岛国财政部部长宣布说："岛屿银行的经营陷入了困境。"

人们从报纸和电视得知这一消息后，纷纷涌向岛屿银行。

为了取钱，人们在银行前排起了长队。

银行的保险柜很快就空了。

岛屿银行放下栅栏门，不久，这家银行倒闭了。

财政部部长操之过急的发言，
引起了"连锁效应"，
给该国带来了灾难性后果。

加里曼最大的水产公司倒闭，

使这个岛国的经济一蹶不振。

许多公司陆续倒闭，

连剩下的两家银行也因"银行挤兑风潮"破产了。

该国的公司数量大减，而且连一家银行也不剩了。

如果银行破产，顾客就取不出存款。

所以大家争先恐后地取款。

这就叫"银行挤兑风潮"。

尽管如此，该国的木材出口仍然很顺利。

林业公司的保险柜里，堆满了赚来的钱。

可是没有银行可以存放，

只好不停地买新的保险柜。

这家公司的员工们，为了存放花不完的工资，也去买小保险柜。

卖保险柜的公司发了财，保险柜里塞满了钱。

而水产公司的保险柜却空空如也。

该公司想挽回信誉，

可是没钱购置防止病菌感染的设备。

水产公司不得不裁员三分之一。

一方的保险柜空空如也，

一方的保险柜塞满了钱。

本来，银行的工作是

汇集多余的钱，

借给需要钱的人和公司。

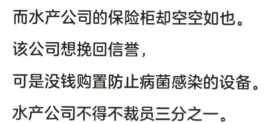

没有银行，
钱就不能顺利地流通。
如果用人的身体作比喻，
那就像血管不畅通造成血液阻塞，
人就会得病。

林业公司的总经理成了大富翁，

他想："那我开个银行吧。"

于是，加里曼岛国诞生了一家新银行。

人们纷纷把钱存入新银行，

向新银行借款的人和公司络绎不绝。

土图水产公司的前任总经理，

从新银行那儿贷到了款，

然后从外国购入了防止病菌入侵的设备，装进养殖场里。

那种设备非常棒，养殖场不会再受到病菌污染了。

土图水产公司重打鼓另开张，通过了严格的质量检查。

就这样，公司死而复生。

喜欢鲜虾的日本人，又能品尝到美味的加里曼虾了。

银行的作用可真不小呀，
它能使加里曼的经济复苏。

2 如果没有贷款

（贷款的作用）

圣诞老人们都住在冰天雪地的北国。

他们终年在大森林里烧炭，

然后用黏土做盘子和碗，烧制成陶瓷。

他们把卖陶瓷得来的钱，

买回礼物送给全世界的小朋友。

可是今年，大森林里流行病毒性感冒，

圣诞老人几乎都被传染，住进了医院。

大森林远离城市，感冒药也用光了。

到了12月，圣诞节即将来临。

可是，圣诞老人们都出不了门，

不能进城去买礼物。

长老爷爷批评那些不想动弹的圣诞老人们说：

"你们怎么还不准备圣诞礼物呢？

小朋友们都等着呢！"

"我们当然想去啦。

可我们得了重感冒，这月没干活儿。

光交住院费都够呛，哪儿有钱买礼物？"

大病初愈的圣诞老人们脸色阴暗，语气凄凉。

"哦，原来是这么回事……"

长老爷爷知道了事情的经过。

第二天一大早，他一个人赶着驯鹿拉的雪橇，

前往北国的首都，

去拜访他的朋友、银行行长戈东先生。

"好久不见了，长老！你找我有什么事呀？"戈东行长问。

"是这样的，大森林里流行病毒性感冒，

圣诞老人们没钱买圣诞礼物，

所以，我想从你的银行借一点儿……"

"贷款啊？你需要多少钱呢？"

"我想借10万块。"

戈东行长考虑了一下，说：

"那好吧。我知道你们一直在给全世界的小朋友们送去快乐，

你们的工作很有意义嘛。

这样吧，我可以借钱给你们，

条件是，3年后归还10万元加1.5万元的利息。"

看来，长老爷爷有"信誉"。
他的"信誉"基于日常品行端正。

"长老爷爷到哪儿去啦？3天都不着家呀！"

5天后的清晨，长老爷爷终于回到了大森林。

长老爷爷背回来的大布袋里，装满了纸币。

"用这些钱可以买好多礼物，你们快去吧！"

"长老爷爷，您从哪儿弄来这么多钱啊？"

"真是托您的福啦，今年小朋友们也会高兴的！"

圣诞老人们刚得过大病，

现在却有了精神，纷纷穿上红衣服，把礼物塞满大布袋。

他们驾着驯鹿拉的雪橇，从大森林出发了。

他们要赶在12月24日夜晚之前，

把礼物送出去。

圣诞节结束了，圣诞老人们回到了大森林。

大家异口同声地向长老爷爷道谢：

"谢谢您了。托您的福，小孩们都高兴极了。"

长老爷爷说：

"那笔钱可是贷款啊，3年内连本带息必须还清。

每年要还3.8万多元。

为了还清债务，从明年起，大家要加倍工作，

要比往年干得更好啊！"

"咱们得多挣点钱，还清长老爷爷借的贷款呀！"

"明年买礼物的钱也得挣出来呢。"

圣诞老人们砍下大森林里的树，制成木炭，烧制陶瓷。

他们辛勤劳动，在陶瓷的图案和烧制方法上下了很多功夫，

做出了好多好多漂亮的盘子、碗和杯子。

圣诞老人加油！

借钱的人偿还利息。
借给别人钱的人收取利息。
这是金融的基本法则。

3 如果没有信用卡
（有效利用信用卡）

这是远离中国的小国圣洁利亚。

这里的国王禁止使用所有信用卡，

因为国王坚信"信用卡是造成浪费的原因"。

外人一定觉得那会很不方便。

可一直生活在当地的人，

不用信用卡也没觉得有什么不方便。

圣洁利亚，有公元前的古建筑，

这些古建筑的形状像埃及的金字塔。

为了参观这些古迹，

世界各地的游客纷纷来到这个国家。

游客们知道"圣洁利亚不能用信用卡"，

所以在机场的银行窗口，

把带来的美元、日元和人民币，

兑换成圣洁利亚的货币"里姆"。

购物也好，支付酒店住宿费也好，

在餐厅吃饭也好，都得用里姆支付现款。

美国的哈尔顿酒店看到有这么多游客，
就决定在圣洁利亚的古迹附近，
建造哈尔顿圣洁利亚酒店。
为了方便来自中国、美国和日本等国的游客，
准备采用信用卡支付的方法。

但是，圣洁利亚的警长来到正在建设中的酒店，
警告说："国王禁止使用信用卡！"

于是，哈尔顿酒店的总经理请求国王说：

"请求您批准我店使用信用卡。"

可是，国王回答说：

"禁止使用信用卡是圣洁利亚的法律。

如果你们不遵守法律，就得停止建设酒店。"

酒店总经理继续游说：

"建好酒店，让客人使用信用卡，游客会增加4倍，

圣洁利亚的旅游收入和商业收入也会增加4倍。

贵国人民的生活会由此富裕起来的。"

酒店总经理强调说，

建设哈尔顿酒店有益于圣洁利亚的经济。

于是，国王召集部长们开会讨论，

制定出了如下规定：

"只批准哈尔顿酒店一家使用信用卡。"

哈尔顿圣洁利亚酒店开张了，

客房预约爆满。

圣洁利亚的餐厅和礼品店看到这种情况，

都去向国王申请"使用信用卡"。

国王看到游客大增，

便废除了禁止使用信用卡的法律。

正如哈尔顿酒店总经理所说，

游客增加了4倍。

由于游客可以使用信用卡，购物方便了，

每位游客花的钱平均增加了3倍。

酒店、餐厅和商店的销售额增加了12倍。

就这样，圣洁利亚富裕起来。

这个国家的人民生活也得到了改善。

圣洁利亚人把游客支付的美元等外币，

用来购买汽车等商品，

促进了经济发展。

看来，信用卡的力量不小！

4 如果没有股票

（股票的作用）

从前，人们不知道地球是圆的。

欧洲的商人们克服重重困难，远渡重洋，

前往遥远的非洲大陆和亚洲各国，

运回贵重的金银、钻石，还有胡椒等物品，发了大财。

从陆地前往东方是很不容易的，

在回程运货时更是饱尝艰辛。

所以，商人们前往东方时，

宁愿乘帆船绕过非洲南端。

欧洲人喜欢吃肉。
而胡椒是消除肉腥味儿
不可缺的调味料。
当时，1克胡椒可以换
好几克黄金呢。

哥伦布船长为了弄到金银和钻石，

计划乘船前往非洲南部。

但是，他凑不够资金。

一天，他对着集合在广场上的人群说：

"我们为了远航，需要很多钱。

各位先生，你们能出钱资助我们航海吗？

我们一定会从非洲带回大量的金银和钻石。

卖掉这些财宝，就能得到一大笔钱。

我们会把得来的收益分给为我们出钱的各位先生。

当然，你们借给我们的钱，我们也会原封不动地归还。

各位财主，恳请你们务必援助我们！"

但是，如果船遇到风暴，

在海上沉没，

或是遭到海盗抢劫，

金银财宝和哥伦布船长就都回不来了。

那你们会怎么决定呢？

远航需要100万金元的资金。

哥伦布决定：每股1000金元。

交纳1000金元的人，领到了写有"1000金元"的证书（股票），

上面还有哥伦布的签字。

"我同意出钱！"

这样，需要人们买1000股。

其中有人说："我决定出1万金元！"

于是他购买了10张股票，即10股。

股票就像大树根的许多小根枝，
把营养输送给树干。
资金就是这样集中起来的。

哥伦布把出资人的姓名和地址记在本子上，
小心地保管在自家的保险柜里，然后出海了。

"我们的远航一定要成功，才能对得起替我们出钱的人！"

"来吧，暴风雨！来吧，海盗们！看我们怎么保护帆船！"

哥伦布船长和船员们，用朗姆酒干杯，祝愿远航成功。

哥伦布船长为了满载金银财宝，平安返回欧洲，
让股东们满意， 他克服艰难险阻，坚持航行。
途中，不知遇到了多少次暴风骤雨，
遭到了多少次海盗的袭击，
船终于抵达了目的地。
哥伦布他们把船上装载的小麦、熏肉、棉布，
以及打猎用的弓箭等，交换成金银和钻石，
装上帆船，驶向3个月前出航的港口。

4个月后，哥伦布船长终于回到了港口。

他回国后立即写了一封信：

"我将在1个月后召开大会，

向为我出资的各位先生报告行程。

请大家前来参加为盼。"

他租用市内繁华大街的一家剧院，

召开了股东大会。

为成立公司出资的人，

可拿到股票。

持有股票的人被称为股东。

向股东报告工作的会议，

被称为股东大会。

尽管有几个股东发牢骚说"红利太少啦！"，

但是大多数股东表示满意。

很多股东喊着："你再去远航一次吧，我还买股票！"

哥伦布船长为了弄到金银和钻石，

远航去非洲，靠的是出海前买股票的股东的支持。

可以说，股份公司这一制度，是人类最伟大的发明之一。

作者介绍

■著：［日］泉美智子

"儿童经济教育研究室"代表，理财规划师，日本儿童文学作家协会会员。

她在日本全国举办面向父母和儿童、小学生、中学生的金钱教育讲座，同时编写公民教育课外读物和纸戏剧。主要著作有《什么是保险？》（近代推销社）、《调查一下金钱动向吧》（岩波书店）等。

■绘：［日］山下正人

1949 年出生。东京人。画家、日本现代美术家协会委员、日本美术家联盟会员。创作领域广泛，从绘画到书籍、杂志插图等都有涉猎，并多次举办个人画展。

1994 年，在大照山相慈寺（奈良吉野山／金峰山寺东京别院）正堂制作屏风画《冬秋夏春》12 幅。主要图画书有：《电是朋友》《磁石实验室》《加法的书》《数数动物园》《哎！哎哎！是眼睛的错觉吗？》（岩波书店）等。

■译：唐亚明

知名图画书编辑、作家、翻译家，出生于北京。毕业于早稻田大学文学系、东京大学研究生院。1983 年应"日本绘本之父"松居直邀请，进入日本最权威的少儿出版社福音馆书店，成为日本出版社的第一个外国人正式编辑，并一直活跃在童书编辑的第一线，编辑了大量优秀的图画书，并获得各种奖项。

他本人的主要著作有《翡翠露》（第 8 届开高健文学奖励奖）、《哪吒和龙王》（第22 届讲谈社出版文化奖绘本奖）、《西游记》（第 48 届产经儿童出版文化奖）等。

他曾作为亚洲代表，任"意大利博洛尼亚绘本原画博览会"评委，并任日本儿童图书评议会（JBBY）理事。现在东洋大学和上智大学任教。现任全日本华侨华人文学艺术联合会名誉会长、全日本华侨华人中国和平统一促进会会长。他翻译了许多作品介绍给中日两国读者。